Claudia Ondracek · Christian Zimmer

Lesen lernen mit dem Kleinen Gespenst

gondolino

ISBN 978-3-8112-3255-6
© für diese Ausgabe: gondolino GmbH, Bindlach 2011
Text: Claudia Ondracek
Innenillustrationen: Christian Zimmer
Umschlagillustration: Petra Theissen
Printed in Poland – 027
5 4 3 2 1

Alle Rechte vorbehalten:
Kein Teil dieses Werkes darf ohne schriftliche Einwilligung des Verlages in irgendeiner Form (Fotokopie, Mikrofilm oder ein anderes Verfahren) reproduziert werden oder unter Verwendung elektronischer Systeme verarbeitet, vervielfältigt oder verbreitet werden.

Der Umwelt zuliebe gedruckt auf chlorfrei gebleichtem Papier.

www.gondolino.de

Inhalt

In der Schule
Wieder mal zu spät 4
Ein Geistesblitz 11
Der große Lacher 20

Beim Ritterfest
Auf Zeitreise 34
Ritter Hauzu 40
Hoch zu Ross 48

Auf Schatzsuche
Ein seltsamer Fund 64
Soll das ein Schatz sein? 73
In letzter Sekunde 81

In der Schule

Wieder mal zu spät

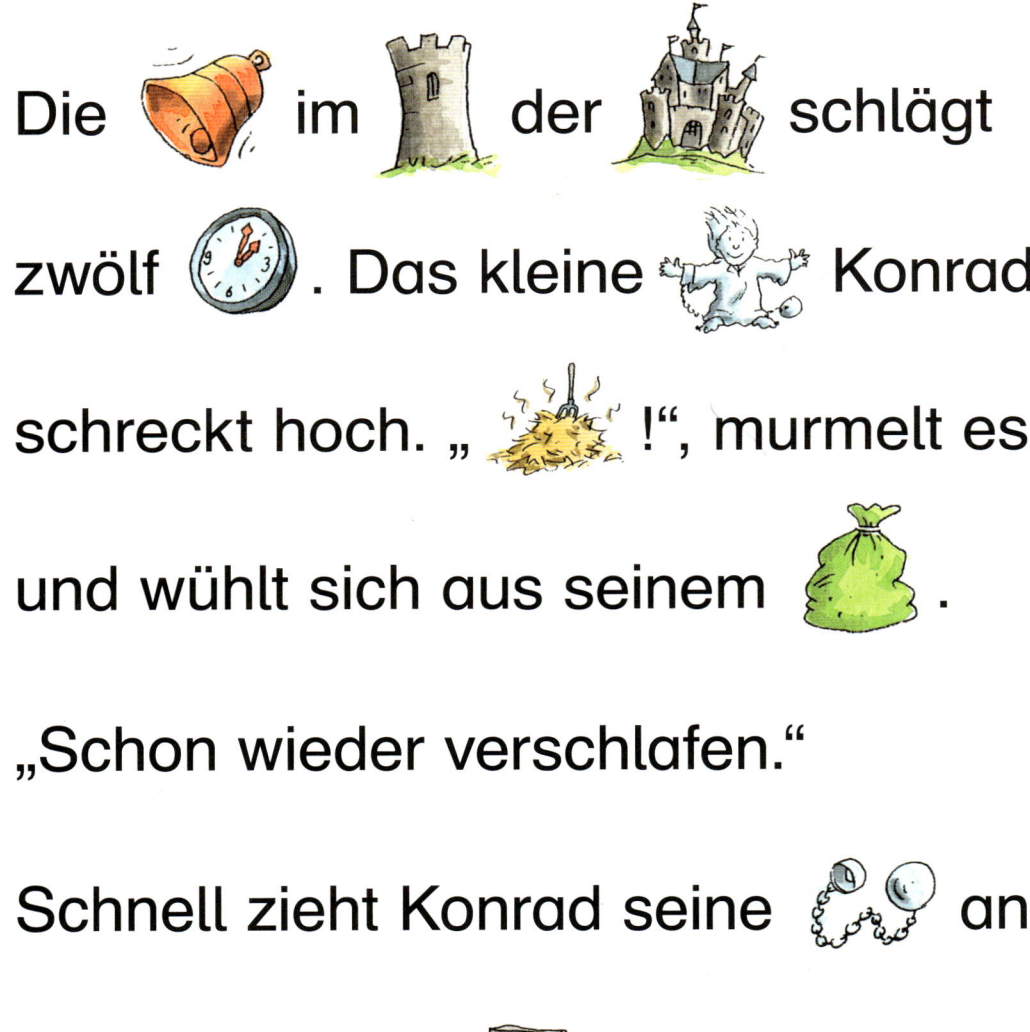

Die 🔔 im 🏰 der 🏰 schlägt zwölf 🕛. Das kleine 👼 Konrad schreckt hoch. „🎃!", murmelt es und wühlt sich aus seinem 💰.

„Schon wieder verschlafen."

Schnell zieht Konrad seine 👟 an und saust die 🪜 hinunter.

Peng! Scheppernd fällt eine  um.

Das kleine  reibt sich den

und murmelt: „Hoffentlich wachen

die  nicht auf, die hier zur

gehen!" Konrad schwebt weiter.

Vorsichtig drückt das kleine  eine rostige 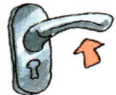 hinunter. Die  quietscht trotzdem.  Huipfui schaut Konrad streng an.

„Du kommst schon wieder zu spät. Die  beginnt für  genau um zwölf ", sagt Huipfui.

„Mein  war so spannend", stottert das kleine  leise.

„Da hab ich nicht geschlafen, sondern gelesen, bis die  unterging." Die anderen  kichern.

„Seid still!", donnert  Huipfui.

„Konrad, merk dir endlich:  schlafen tagsüber und lesen nicht."

Huipfui dreht sich zur  .

„Wie können wir die  hier

in der  erschrecken?

Konrad, was würdest du tun?"

Das kleine  denkt kurz nach.

Dann pfeift es laut durch die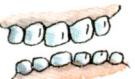

und klappert dazu mit der .

Die kleinen  grinsen und

der winkt ab: „Da zittert doch

kein mehr. Das muss richtig

gruselig sein. Überleg dir was!"

Ein Geistesblitz

Konrad blinzelt müde und schwebt die 🪜 hinunter. „So seht ihr  also aus", sagt da plötzlich jemand. Das  dreht sich erschrocken um. Vor ihm steht ein 🧍. „Was machst du denn hier?", fragt Konrad. „Ist es etwa schon hell?"

Der lacht: „Na klar! Nur hier drinnen ist es so düster. Übrigens, ich heiße Jan." Das kleine kratzt sich am : „Auweia, dann hab ich die ja völlig verpennt!

Ich bin Konrad. Und wieso bist du nicht in der 🏫?" Jan zuckt mit den 🤷: „Ich soll im 🏰 aufräumen. Ich bin nämlich in der 🪑 eingeschlafen." Jan seufzt.

„Ich hab nachts einfach zu lange gelesen. Aber das versteht unser  nicht, der schimpft nur. Und die anderen  lachen."

Das  grinst: „Das kenn ich! Komm mit, ich wohne im ."

Jan macht es sich auf Konrads  gemütlich. „Vor  fürchtet ihr euch wohl gar nicht mehr?", fragt Konrad. Jan schüttelt den : „Nö, euch fällt doch nichts mehr ein, was richtig gruselig ist."

„Warte mal", murmelt das

und legt los: Es lässt  knarren,

alle  klappern und rasselt dazu

mit seiner rostigen . Jan grinst:

„Das ist doch harmlos! Und wenn

ihr heult, stehen uns auch keine

mehr zu . Dir vielleicht?"

„Mir stehen sie sowieso zu 🏔", meint das kleine 👻 und fängt an zu kichern. Erst leise, dann immer lauter, bis der ganze 🏰 dröhnt.

Jan zieht sich den  über

die 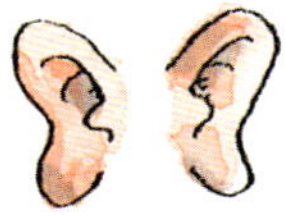 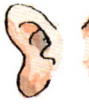. „Hör auf", sagt er. „Das

klingt ja schauerlich. Wie ein ,

das mit seinen  klappert."

Das kleine  staunt: „Wirklich?

Das ist es! Komm heute kurz

vor zwölf  auf den .

Warte nur, Jan, den anderen

und  zeigen wir's!"

Der große Lacher

Ungeduldig kauert das kleine  mit Jan hinter einer : „Hier hallt es am besten", murmelt Konrad.

„Was hast du eigentlich vor?", fragt Jan. Da schlägt die  im  zwölf . „Kitzle mich mit der  am !", sagt das kleine .

Dann hält es sich ein

vor den 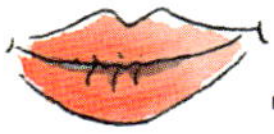 . „Jetzt versteh ich,

was du vorhast", meint Jan und

legt los. Das kleine kichert.

Erst leise, dann immer lauter –

und bald lacht es aus vollem 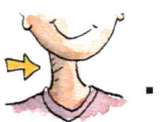.

Es hallt von allen  zurück.

Hinter den  gehen die

an. Das kleine  schwebt

schnell die  hinunter.

Jan schleicht hinterher. Sie

verstecken sich hinter einem  .

Wieder kitzelt Jan das  mit

der  . Erst am , dann auch

an den 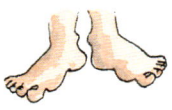 und am  .

Konrad lacht immer lauter und gruseliger.  werden aufgerissen, und die  schreien: „Hilfe! Hier spukt's!" Jan grinst. „Super! Endlich haben die anderen mal die  voll!"

Das kleine 👼 lacht weiter, bis die ganze 🏰 dröhnt. Die 👫 verstecken sich in 🚪 und unter den 🛏 . Sie wimmern: „Das ist bestimmt ein furchtbares 👻!"

Da schlägt es ein . „Genug gegeistert!", japst Konrad. „Ich kann nicht mehr. Warte auf mich im ."

Dann schwebt er in die . Dort sind schon alle  versammelt.

„Du kommst schon wieder zu spät", sagt  Huipfui streng.

Konrad schaut ihn erstaunt an:

„Aber ..." „Aber", unterbricht ihn

der  sofort, „du hast toll gespukt!

Endlich haben sich die

mal wieder richtig gegruselt.

Deshalb hast du heute schulfrei!"

Konrad grinst und zeigt den anderen  eine lange .

Auf der  stößt er mit Jan zusammen. „Überall brennen die 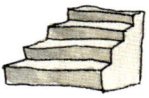", sagt Jan. „Die  fürchten sich immer noch.

Du warst echt super, Konrad!"

Das kleine  und der  laufen

kichernd zusammen zum .

Dort zündet Konrad eine  an.

„Jetzt feiern wir aber so richtig,

bis du morgen in die  musst!

Alle anderen  sind bestimmt auch müde. Sicher haben sie die ganze Nacht lang kein 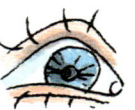 zugemacht!" Das kleine  zwinkert Jan zu und kichert leise.

Die Wörter zu den Bildern:

 Glocke   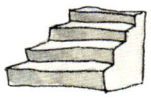 Treppe

 Turm    Rüstung

 Burg    Kopf

 Uhr    Kinder

 Gespenst  Schule

 Mist    Türklinke

 Sack    Tür

 Kette    Lehrer

	Buch	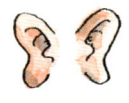	Ohren
	Sonne		Skelett
	Tafel		Knochen
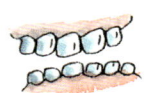	Zähne		Zinne
	Junge		Feder
	Schultern		Bauch
	Schulbank		Megafon
	Haare		Mund
	Berg		Hals

 Mauern　　 Schränke

 Fenster　　 Betten

 Lampen　　 Nase

 Vorhang　　 Kerze

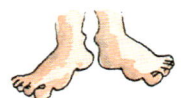 Füße　　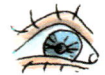 Auge

 Hose

Beim Ritterfest
Auf Zeitreise

„Buh, sind die schwer", stöhnt Jan

und lässt viele dicke

auf Konrads  fallen.

„Super", ruft das kleine  ,

„spannende  !" Jan schüttelt

den  : „Nö, das sind nur

alte  über  .

Die muss ich für die  lesen.

Total langweilig!" Konrad schaut

ihn erstaunt an: „Bist du verrückt!

Bei den  war echt was los."

Jan schlägt ein  auf.

„Woher willst du denn das wissen?",

fragt er. „Na, hör mal",

sagt das  und grinst.

„Ich habe hier auf der  schon

bei den  gespukt!"

Jan runzelt die  .

„Glaubst du mir etwa nicht?",

fragt das kleine  . „Na warte,

ich zeig dir, wie's bei den

war!" Sie schleichen die

zu den  hinauf.

Konrad schaut sich suchend um.

„Da ist sie", flüstert er, „die ,

die zaubern kann! Jetzt reisen wir

zu den !" Jan wundert sich.

Was meint Konrad nur?

„Zieh die  an", sagt das .

„Dann nimm meine 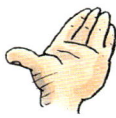 und

dreh den  am eisernen !

Gleich werden wir sehen,

wie's früher war."

Ritter Hauzu

„ sind ganz schön unbequem",

stöhnt Jan leise. Er stapft neben

Konrad scheppernd eine  hinab.

„Komm, gleich wirst du staunen!",

sagt das kleine . Es hat sich

in einen roten  gehüllt, damit

niemand vor ihm erschrickt.

Und wirklich, Jan traut seinen
kaum. Vor der  schnauben
und klappern . Die
üben mit ihren  und .

„Super", sagt das kleine .

„Gleich werden die  kämpfen."

Da reitet ein schwarzer  vorbei.

„Weg da!", brüllt er. „Oje", murmelt

Konrad und hält sich die 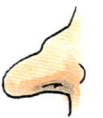 zu.

„Der fiese  Hauzu ist auch da!

Wie der wieder stinkt."

Eine  ertönt und der

und die  besteigen den .

Die  stellen sich auf.

Ihre  glänzen in der .

Der  verkündet: „Wer siegt,

bekommt einen goldenen

und darf die  küssen!"

Das  grinst: „Dafür lohnt es sich zu kämpfen, oder?" Jan nickt.

Die 👑 ist wirklich wunderschön.

Die 🎺 ertönt nochmal

und die 🛡️ beginnen zu kämpfen.

Immer zwei reiten aufeinander zu

und versuchen, sich mit ihren

aus dem  zu stoßen.

Der   Hauzu wirft einen

nach dem anderen vom .

„Hoffentlich gewinnt  Kuno", murmelt Konrad. „Sonst muss die  den stinkenden Hauzu küssen!" Es ist mäuschenstill. Die beiden  galoppieren aufeinander zu. Bumm!

 Kuno schwankt im .

„Halte dich!", ruft das .

Aber schon fällt Kuno vom .

Hauzu lacht höhnisch: „Jetzt küsse

ich die . Oder will noch ein

gegen mich antreten?"

Hoch zu Ross

Das kleine  tippt Jan auf die  : „Du musst die  vor Hauzu retten!" Jan schüttelt den  : „Ich kann nicht reiten und schon gar nicht kämpfen!" Aber Konrad raunt: „Du hast doch die verzauberte , die hält dich im .

Los, ich hole jetzt ein  !"

Jan zögert. Da sieht er die

in den  der  . Jan zieht

seinen  auf und tritt vor.

„Ich fordere dich heraus", sagt er.

„Nur zu“, lacht Hauzu dröhnend.

„Dich  puste ich leicht aus

dem 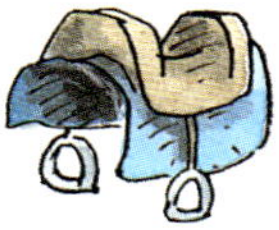!“ Ein  trabt auf Jan zu.

„Steig auf“, flüstert jemand.

Es klingt wie das kleine ,

aber niemand ist zu sehen.

Jan schaut sich erstaunt um.

„Ich bin unsichtbar", wispert Konrad

und hebt Jan aufs  . „ hoch!

Durch die  bist du unverwundbar.

Halte nur die  gut fest!"

Jan spürt, dass das  hinter ihm sitzt. Die  galoppieren aufeinander zu. Jan zittern die 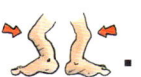. „Reite weiter!", flüstert das  und schwebt davon. Hauzus  kommt näher.

Bumm! Sie trifft Jan an der 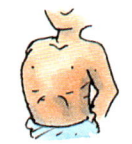.

Er wankt, aber er bleibt im .

„Na warte!", brüllt Hauzu wütend.

Sie reiten noch einmal aufeinander zu. Hauzus  ist wieder ganz nah.

Doch da scheut sein  und der  fliegt kopfüber zu .

Alle klatschen. Jan kann es nicht fassen. Er sitzt immer noch im .

„Buh, war das aufregend", seufzt er und nimmt seinen  ab.

„Dem haben wir's gezeigt!", kichert das kleine . „Sein  war leicht zu erschrecken. Los, jetzt kannst du die  küssen!"

Jan wird rot. Er steigt vom .

Die  kommt ihm entgegen.

„Danke, dass du mich vor Hauzu gerettet hast, unbekannter ",

sagt sie und gibt Jan den goldenen . Jan küsst die

auf die . Alle jubeln.

Da bläst die  .

In der  wird gefeiert.

Alle tanzen und singen und lachen.

Jan und Konrad feiern natürlich mit.

Als der am  steht,

sagt das kleine  :

„Jetzt müssen wir aber zurück."

Jan nickt. „War das spannend!

Die alten  waren ja doch

nicht so langweilig, wie ich dachte.

Das glaubt mir keiner in der !"

„Wieso?", fragt Konrad.

„Du hast doch den goldenen !

Den kannst du allen  zeigen.

Und vergiss nicht, von der  zu erzählen!" Jan kichert.

Konrad nimmt ihn grinsend an der  und sie reisen mit der verzauberten  wieder zurück.

Die Wörter zu den Bildern:

 Bücher

 Stirn

 Sack

 Treppe

 Gespenst

 Rüstungen

 Kopf

 Hand

 Schinken

 Ring

 Ritter

 Handschuh

 Schule

 Umhang

 Burg

 Augen

 Pferde
 Becher

 Lanzen
 Sattel

 Schilde
 Schulter

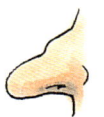 Nase
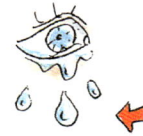 Tränen

 Trompete
 Helm

 König
 Fliege

 Prinzessin
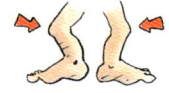 Knie

 Thron
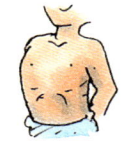 Brust

 Sonne
 Boden

 Wange  Himmel

 Mond  Kinder

Auf Schatzsuche
Ein seltsamer Fund

„Die anderen  spielen ",

mault Jan. „Nur ich muss

jäten. Wie öde!" Er steht mit

und  bewaffnet im

der  . „Warte ab", sagt das

kleine  Konrad und grinst.

„Vielleicht finden wir ja einen ?"

Jan sticht weiter lustlos mit

dem  in die . Plötzlich

macht es: „Krch!" Vor Jan liegt ein

riesiger . „Super  !

Der  von einem  !"

Konrad schüttelt den  : „Eher der von einem !" Jan dreht den  in seinen 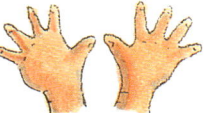 hin und her. Da fällt ein  heraus.

„Schau mal!", ruft Jan überrascht.

Er hält Konrad den 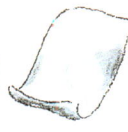 unter die .

„Der sieht wirklich wie eine

aus!" Das  guckt sich den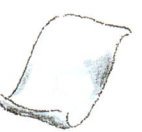

genau an. „Das ist eine

von unserer ", sagt es dann.

„Du spinnst", meint Jan und guckt

von der  auf die

und wieder auf die  .

Aber es stimmt: Da sind der  ,

das  und auch die  .

„Und dort drüben fangen wir an,

den  zu suchen", sagt

das kleine  und zeigt auf

eine . „Da ist nämlich

ein  auf der !"

Hinter den  entdecken sie eine . Sie ist mit vielen  verschlossen. „Die knacke ich mit links", murmelt das kleine  und schwingt seine .

Die ![] splittert entzwei. Dahinter

liegt eine ![], die tief hinunter

in die ![] führt. „Hier, nimm du

meine ![]!", schlägt Jan vor.

Konrad schwebt voran und flüstert:

„Los, jetzt suchen wir den  !

Wenn das nicht spannender ist,

als  zu spielen,

fresse ich einen  !"

Soll das ein Schatz sein?

Konrad und Jan steigen die  hinunter. Es wird immer dunkler und unheimlicher. „Igitt!", ruft Jan und wischt sich übers  .

„Hier hängen ja überall 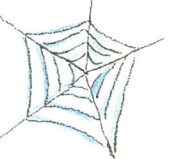 !"

Da raschelt es vor seinen 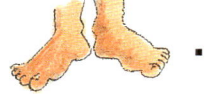 .

Wie erstarrt bleibt Jan stehen.

„Nun komm schon", kichert das kleine . „Das sind nur ein paar !" Plötzlich stehen sie vor einer . „Hier geht's nicht weiter", murmelt Jan enttäuscht.

„Gib doch nicht gleich auf", sagt das kleine  und tastet mit den 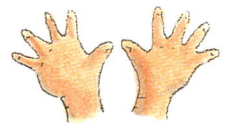 die  ab. Als Konrad einen roten  berührt, öffnet sich eine kleine .

„Das ist ja richtig gespenstisch",

kichert das kleine .

„Jetzt müssen wir uns ducken!"

Stumm zwängen sich die beiden

durch den niedrigen .

Plötzlich gabelt er sich. Konrad schaut auf die 🗺️. „Hier geht's lang", murmelt er und schiebt Jan weiter. „Ist's noch weit?", fragt Jan. „Ich kriege langsam nasse 🦶."

Boing!, knallt er mit dem  gegen eine eiserne . „Aua", stöhnt Jan. Konrad schiebt den  zurück und drückt die  auf. „Das ist eine ", ruft er. „Hier muss der  versteckt sein!"

Die 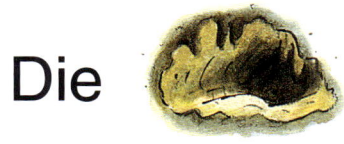 ist wirklich riesig.

Konrad lässt die  kreisen.

„Dahinten steht eine ",

schreit Jan plötzlich. „Warte!", ruft

Konrad, aber Jan rennt schon los.

Gespannt öffnet Jan die :

Doch nichts glitzert oder funkelt.

In der  liegt nur eine

alte 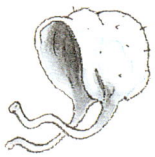. „Toller ", mault Jan.

Da faucht es plötzlich hinter ihm.

In letzter Sekunde

Jan dreht sich um. In der 🕳️ steht ein riesiger 🐉. Der 🐉 schnaubt 💨 aus der 🐉.

„I...ich d...dachte, 🐉 🐉 sind längst ausgestorben", stammelt Jan. „Jetzt hätte ich lieber ein 🗡️ als den 🦴 und die blöde 👻!"

Der  spuckt .

Jan weicht gerade noch aus.

„Wie kann man den nur

einschüchtern?", ruft er. „Der grillt

mich sonst wie ein ."

Jan fuchtelt mit dem 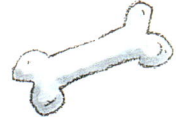 herum. Da reißt ihm jemand die 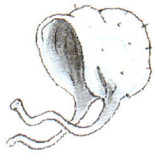 aus den 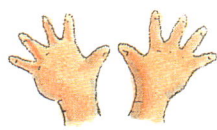 und stülpt sie ihm über den .

Das kann nur Konrad sein.

„Was soll das?", ruft Jan.

„Wie ein gefährlicher

sehe ich jetzt auch nicht aus!"

„Aber dafür bist du unsichtbar

wie ich", wispert das kleine  .

Und wirklich! Von Jan ist nichts mehr zu sehen: kein , keine . Die 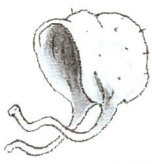 ist also doch ein richtiger ! „Sei jetzt leise", flüstert Konrad. „Sonst weiß der , wo wir sind!"

Sie schleichen am  vorbei. Der trampelt wütend hin und her. „Vorsicht!", wispert das kleine  und reißt Jan zurück.

Dröhnend donnern die

des  vor Jan auf die .

„Danke", flüstert Jan. „Das war

knapp!" Schon schlüpfen sie

wieder durch die eiserne .

Konrad schiebt den  vor.

„Durch den niedrigen  passt der  sowieso nicht", sagt das kleine  und läuft gebückt mit der  voran.

„ gehabt", meint Jan und lacht. „Sonst müssten wir noch kämpfen wie die ." Dann zieht er sich die 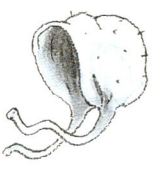 vom .

„Das ist wirklich ein toller ",

sagt Jan zu dem kleinen .

„Wer weiß, was wir mit der

ollen 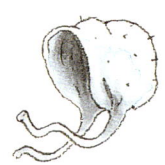 noch alles erleben!"

Die Wörter zu den Bildern:

 Kinder　　 Schatz

 Fußball　　 Erde

 Unkraut　　 Knochen

 Hacke　　 Riese

 Spaten　　 Kopf

 Garten　　 Drache

 Schule　　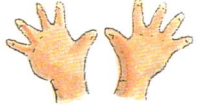 Hände

 Gespenst　　 Zettel

 Nase
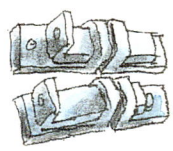 Riegel

 Schatzkarte
 Kette

 Burg
 Treppe

 Turm
 Taschenlampe

 Burgtor
 Besen

 Mauer
 Gesicht

 Kreuz
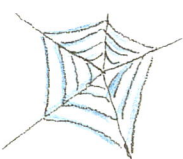 Spinnweben

 Büsche
 Füße

 Tür
 Ratten

 Stein   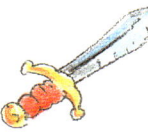 Schwert

 Gang    Feuer

 Höhle    Hähnchen

 Truhe    Ritter

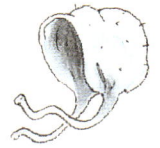 Kappe    Beine

 Rauch    Schwein

Fußballstarke Bildergeschichten

Es geht um eine Wette: Wer ist der bessere Spieler? Und können die Roten Kicker das Spiel für sich entscheiden?

Lesen lernen mit den Roten Kickern
Fußballstarke Lesebilder-Geschichten für den ersten Leseerfolg

ISBN 978-3-8112-3254-9

gondolino

Lesen lernen mit Zauberei

Hexe Leonie hat viele Freunde. Gemeinsam mit ihnen erlebt sie aufregende Abenteuer: Alles fängt damit an, dass sie auf einem Kinderfest mächtig viel durcheinander bringt.

Hexe Leonie stellt alles auf den Kopf
Lesebilder-Geschichten
für den ersten Lesespaß

ISBN 978-3-8112-3220-4

gondolino